ロングセラー新装版

斎藤一人　しあわせセラピー

ひとり

斎藤一人　著

ロング新書

まえがき

人は幸せになるために生まれてきたのに、幸せじゃない人がたくさんいます。

それは、心というものの本当の働きを知らないからかもしれません。

心というものは、ころころ変わるから〝心〟という他に、もう一つの意味があります。

それは〝こころ〟ということです。

簡単にいうと、人間の心はちょっとしたことで、だんだん、だんだん心が狭くなり、〝こり固まってしまう〟ということです。

この心の〝こり〟を取るには、二つの方法があります。

一つは、あなたを傷つけた人を許す。

すぐ傷ついてしまった自分を許す。

人を許せない自分を許す。

〝許す〟ということは、こちんこちんになって狭くなった心を「ゆるます」ということです。

それと、二つ目は、人と話をする。

話すということは、いやなことやこり固まった心を〝ときはなす〟ということです。

仲の良いお友達との会話は、心がときはなされて本当に幸せになるものです。

人と話をする時は、正しいか間違っているかを判断するのではなく、相手の心がときはなされて、明るく広くなるような話をするように、心がけたいものです。

正しいか正しくないかを決めるのは裁判官の仕事で、私達の仕事ではありません。

私達は会話を通して、人の心が明るくなり、広々とすることを望んでいます。

この本が、みなさまの心のこりを少しでも取ることに、お役に立てれば幸いだと思っております。

でも、心はまたすぐこりますよ。

なぜなら、それが心の性質だからです。そうしたら、またこの本を読むなり、楽しい仲間と話をしたりして、楽しい時間を過ごすようにして下さい。

決して、一人で考え込んではダメですよ。

もし、考え込んでしまうような性質なら、そういう自分を許してあげて下さいね。

あなたにすべての良きことがなだれのごとく起きます

斎藤一人

CONTENTS

●本文イラスト／みひら ともこ

自分の心に灯をともし、
人の心に灯をともそうよ

自分がしあわせじゃないと、他人をしあわせにできない

人はしあわせになるために生まれてきたのです。
だから、まず自分がしあわせになる。
世間の人は、他人がしあわせになるために自分を犠牲にしなさいっていう。
そうじゃないの。自分がしあわせじゃないと、他人をしあわせにできません。
だって、募金するのだってそうでしょ。
お金を持っていなかったら、募金できない。
だから、まず、自分がしあわせになるのです。

自分が光り輝いていたら
みんなに光を
つけてあげられる

自分が光り輝いていたら、キャンドルサービスでみんなに光をつけてあげられる。

キャンドルサービスって、いくら分けてあげても光は減らないんです。灯が増えて、周囲が明るくなる。全員が明るくなって、世の中がどんどん、どんどん明るくなるんです。

だから、私たちはキャンドルサービスをしなければいけないんです。

自分の心に灯をともし、
人の心にも
灯をともそうよ

自分の心に灯をともそうよ。
人の心にも灯をともそうよ。
この親でよかったと思い、この日本に生まれて
よかったと思う。
この時代に生まれてきてよかったと思うんだよ。

誰にでも愛はあります。ただ、そのことに気づいていないだけ

人間は、神さまの愛と光でできている。
誰にでも愛はあります。ただ、そのことに気づいて
いないだけ。
愛を出すって、たいしたことするわけじゃなくて、
ただ、
「生まれてきてよかったね」
って、いうだけ。そういうことなんだよ。
空は青いしね。花は咲くしね。適当に雨も降って
くるしね。
人間が暮らしているところは、最高の場所だよ。
ちょっと前に生まれていたら大変だよ。
爆弾が降ってた。
今は、雨ぐらいしか降らないじゃない。

「いいことが起きそうな気がするぞ」といっていると心ってポッと変わるんだよ

人生には、暗いときと明るいときが出てくるよね。
でも、夕方過ぎて暗くなったら電気をつけるでしょ。
人生もそれと同じ。
暗くなったら、電気をつける。
「〝いいこと〟が起きそうな気がするぞ」
といっていると、心ってポッと変わるんだよ。
それをイヤなことが起きると、
「やっぱりイヤなことが起きた」
って、電気をつけないでずっといるんだよ。
だけど、明るいときは明るい話をしているの。
電気の必要がないのに電気をつけて、明るいことをしゃべっている。
暗いときに電気をつけるの。明るくなったら電気の必要はなくなる。

そんなこと知っていながら、暗いときに電気を
つけない人がいる。
そして、明るいときに電気をつけてる。
だから、おかしくなっちゃう。
暗くなったら電気をつければいい。
「あっ、悪いことが起きそうだな」
って、ため息ついてたらダメなんだよ。

自分を燃やしながら
周りを照らす
ロウソクみたいな
生き方をしたい

私は、ロウソクみたいな生き方をしたいと思っている。

ロウソクって、自分を燃やしながら周りを照らすよね。

それで、自分の炎を他に分けても炎は減らない。

最後まで燃えていって、燃え尽きる寸前の炎が一番大きい。

私もこんなふうに、人の心に灯をともしながら生きたいなって思うんだ。

しあわせって気づきなの

あのね、しあわせって気づきなの。
自分がしあわせだということに気づかないとね。
そうじゃないと、いつまで経ってもしあわせに
なれない。
満たされていることに気づかないから、イライラ
したり、怒ったり、悩むの。
そういうときに人間っていうのは、毒を吐くんだよ。
その毒が部屋の空気を重くするんです。
そこに来た人は、その空気に触れて、
「重いな。何かイヤな雰囲気だな」
って、感じるんだよ。
生まれてきてよかったと思う。
今、ここが最高だって思う。
そうすると、心に灯がともる。
その灯で、人の心に灯をともすんです。

相手の気持ちを
思いやりながら話す

相手の気持ちを思いやりながら話す。
ちょっと気取っていえば、「ウイットのある言葉」
でしょうか。
話す言葉が明るくて、笑いがある。
どんな話でも「笑い」は入れられる。
楽しく話して、楽しくいろんなことができればいい。
そうすれば、人間、お互いハッピーになれる。

「そうだよね、わかるよ」とまず、いうんです

意見の違う人であっても、「違う」といわない。
「そうだよね、わかるよ」とまず、いうんです。
「わかる」というのは、その人の意見に賛同しているわけではないの。
「わかるよ」というと、そこではじめて、
「こいつは、オレの仲間だ」
と、人の心はふぁ～っと開くんです。

みんなが誰かの心の暗がりを照らす

昔は、心の暗がりを晴らしてくれるのが観光でした。
みんなが誰かの心の暗がりを晴らす。
そうしたら、その誰かにとっての観光になるんだよ。
だから、毒を出しているか、灯をともしているかで、
人間の吸引力っていうのは、全然違うんです。

明るく、明るく
今日も明るく生きるだけ

明るく、明るく、今日も明るく、
明日も明るく生きるだけ。
人は灯のともっているところに
集まってきます。

〝いいこと〟を足していけば、人生が今より、
うんと楽しくなるよ。
誰でもみんな何かしら〝いいこと〟があるんだよ。
人間って、誰でも光を持って生まれているんだよ。

いやな気分になったら
いい気分になる前ぶれだ
と思えばいいし、
いい気分のときは
「いい気分」って
いっていればいい

「しあわせだな。何か〝いいこと〟がありそうな気がする」って私はときどきいいます。

そうすると、こんなことという人いるんだよね。

「いいことがあるって、どんな予感がするんですか」

するとね、いや〜な感じなの。

いやな感じがすると「いいことが起きる」ってすぐいうようにする。

何でかっていうと、人間の心なんて、いやな気分になったら、次はいい気分になるに決まってるから。

だから、いやな気分になったら、いい気分になる前ぶれだと思えばいいし、いい気分のときは「いい気分だ」っていってればいい。

（心にはもう一つの意味があるけれど、そのお話はまたこの次に）

オーラは、笑顔で愛のある言葉をいうと、自然に大きくなる

オーラというと、私は仮に宇宙エネルギーと呼んでる。

この世にあるものすべて、人間でも何でもこの宇宙エネルギーで作られてる。

宇宙エネルギーが、体から出ているところが、ファっと光って見える。

そのファってい う光がオーラ。

オーラは、いつも笑顔で愛のある言葉をしゃべってると、自然に大きくなる。

だけど、人間って疲れることがあるでしょ。

疲れてくると、ちっちゃくなる。

ちっちゃくなると、人からオーラを奪おうとする。

しかも、自分より下の立場の人からとっちゃうんだ。

自分の愛情をあげると
エネルギーをもらえる

たとえば、ここに花があるとする。

そしたら、花を見て、「きれいだな」って思うよね。

それから、花に向かってフゥーっと息を吹く。

要するにね、自分の愛情をあげるんだ。

そうするとね、すごい、いい気分になる。

花じゃなくてもいいんだよ。

たとえば、沈む寸前の太陽。

それから、朝、出たての太陽でまぶしくないときがあるでしょ。そのときの太陽でもいい。

山の稜線もいいしね。

そういうところには、たくさんのエネルギーがある。

そこに向かって、「きれいだね」っていう。

そうするとそれらからエネルギーをもらえる。

すごい、いい気分なんだよ。

みんながんばってるね

人間には、みんな能力があるんだよ

人間には、みんな能力があるんだよ。
私にも、できること、できないことがある。
みんなも、できること、できないことがある。
世の中、辛抱強い人もいる。頭の回転が速い人もいる。
でも、そうじゃない人もいるんだよ。
それを自分ができるからって、できない人に同じことをしろっていうのは、
イジメと同じことなんだ。

みんな、がんばってるね

「みんな、がんばってるね」なの。
そういってあげたとき、相手は思う。
「ああ、自分のことを認めてくれる人がいたんだ」
そうすると、心に灯がともって、歩いていく勇気
が湧いてくる。
説教されたって、何をやったって、人は動けない。
わかんないって、わかる必要はない。
駆け足が急に速くなるとか、歌がうまくなる
とかってない。
大事なのは、その中でどうやったら自分が
しあわせに生きられるかなんです。

一〇〇%の人間に
なれますか?
なれないでしょ。
それでいいんです

会社でも、彼氏・彼女でも、その他の人
でも、七〇、八〇望むと苦しくなる。
あなた、一〇〇%の社員になれますか?
一〇〇%の上司になれますか?
一〇〇%の人間になれますか?
なれないでしょ。それでいいんです。
私だってなれないよ。

五、六割気に入っていたら それで十分

一〇〇のうち、不満がいくつかあって当たり前。
だけど、五、六割気に入っていたらそれで十分。
それ以上望むと、その反動で相手もそれを自分に
対して求めてくるんだよ。
だから、私は高く望まない。そんなもんでいいん
じゃないの、って。
自分にも無茶いわないんだよね。
世の中には、三割も人に気に入ってもらえない
ヤツがいるんだから。

本当にすごい人というのは、
一生懸命働いて子どもを育てたりしながら、
人がイヤがることをしないで生きている人です。
晴の日だろうが、雨の日だろうが、サボることなく、
黙々と畑をたがやしている人がいる。
照り返しのきついなかで一生懸命道路を作っている人がいる。
パン工場でパンを作っているおばちゃん、米や麦を作る人、
朝早く沖に出て魚をとってきてくれる人がいる。
そういう人を見ると、私は本当に素晴らしい人だなって思う。

今悩んでいることも、一年後にはなくなってしまう

悩みとは、自分でどうにもできないこと。
どうにもならないから悩んでいる。
それが悩みの特徴。
でも、人はそのことで一生悩んだままかというと、
そうじゃない。
みなさんは、一年前に自分が何に悩んでいたか、
覚えていますか？
あなたが今悩んでいることも、一年後には
なくなってしまうんです。

気持ちがまず、
勝たなければいけません。
そして努力するだけ

気持ちで負けてはいけません。
気持ちがまず、勝たなければいけません。
そして努力するだけなんです。

人間には、思ったことを引き寄せる力がある

悩みは勝手になくなるもの。
自分が何かをして、あれを解決し、これを解決して
悩みが解消した、というものではないんだ。
それは、時間が解決してくれている。
時間があなたの味方をしてくれているから。
人間には、思ったことを引き寄せる力があります。
だから、心配すると悪いことが起こることも
あるんです。

人が何かをすれば、失敗することもあります。

でも、何かをやって、うまくいかなかったということは、

「このやり方ではダメだ」

ということがわかったということなんです。

だから、

「ひとつ勉強になった。頭がよくなったな」

といえばいい。

イヤなことでも、一歩踏み出すと、限界というのは超えられる。奇蹟は起こるんです

一番厄介なのは、人間の心が勝手に作る「限界」です。

心がつくる限界。私はそれを、恐れだというんです。

たいがいは、新しいこと、自分がやったことがないことに遭遇すると、知らないうちに恐れを生んでいることがあります。

その限界を超えるには、自分が一番イヤなことをやらなくてはいけないんです。

イヤなことだから、限界を作っている。

イヤなことでも、一歩踏み出すと、限界というのは超えられる。

奇蹟は起こるんです。

私は今まで、
小さなしあわせを見つけては喜び、
ホントにささやかに生きてきた人間ですから、
この〝ささやかさ〟を大事にしていたいんです。

「運勢がいい」とは「運ぶ勢いがいい」こと。勢いをつけて速くやればいいんです

生きていれば、今日から明日になり、明日があさってになる。

誰でも、明日へ運ばれています。「そんなのは嫌だ」と抵抗しようが、何をしようが、私たちは運ばれているんです。

これこそが「運」です。要するに、誰にでも運があるということ。

ところで「運勢」という字を思い出してください。

運ぶ勢いと書いて運勢。

つまり、「運勢がいい」とは「運ぶ勢いがいい」ということなんです。

だらだらしていたのでは、「勢いがいい」とはいえません。

勢いをつけて速くやればいいんです。

道理通りのことをする。それが一番ラクで、得な生き方なのね

道理通りのことをやっている人は、社会が評価するようになっている。

こういうことを避けて、

「他にうまい方法はないだろうか?」

と考えているから、

「横にいるあいつを蹴飛ばそう」

とか、余計なことを考えてしまう。

自分がそういうことを考えているから、他の人間も自分のことを蹴飛ばそうとしているんじゃないかと、疑心暗鬼になる。

だから、必要のない苦労を背負い込むことになる。

そんなことに自分のエネルギーを使って疲れるぐらいなら、人の倍働いたほうがよっぽどラク。

道理通りのことをする。それが一番ラクで、得な生き方なのね。

しあわせは、
自分の心が決める。
人それぞれで、
比較することは
ないんです

しあわせって、車の四輪みたいなもので、
どれかひとつタイヤがパンクしたままだと、
つらくなってしまう。
だから、私は、どうしたら心がしあわせを感じ
られるだろうか、ということを考えていました。
しあわせは、自分の心が決めるもの。
人それぞれで、比較することはないんです。

そのままのあなたが素晴らしい

「このままでいいんだよ」っていってごらん。そのほうが相手もラクだから

わかんないことがわかったから、しあわせじゃない。

わかんないままで、どうしてしあわせになれるかなの。

「自分はこのままで最高です」

って、いうのが自分の努力。

で、人に対しては、

「あんた、そのままで行きなよ。そのままのあんたが、すばらしいんだよ」

って、いえることが努力かな？

努力とか根性じゃなく、

「このままでいいんだよ」

って、いってごらん。そのほうが相手もラクだから。

「人生、ラクでしあわせ」これが私たちのテーマ

私がいうラクがピンとこないなら、ラク（楽）を〝楽しい〟に変えていいよ。

ラクを極めていくと、最終的には〝楽しい〟になるから。だから、

「このままでいいんだよ」

って、いってごらん。

「人生、ラクでしあわせ」

これが私たちのテーマ。

ラクに生きてる人って、感謝が多い。イヤなことにも感謝する。もちろん、よかったことも感謝する

何をやってもトントンうまくいく人と、反対に何をやってもガタガタして
うまくいかない人の違いはたった一点「感謝」なんです。
でも、ラクに生きている人って、感謝が多い。
だって、「いいことがあったら感謝する」では普通。
「いいこと」なんてめったにないから、
感謝が少なくなっちゃうよね。
それよりも、イヤなことにも感謝する。
もちろん、よかったことにも感謝するんです。

自分を魅力的な人間に作り変えるんだよ

「私は胴が長いから、座っていると立派に見えるんです」

とかって、人の心がパ～ッと晴れるような、肯定的なことをいう。

自分を魅力的な人間に作り変えるんだよ。

肯定的な発言をして、いつも笑顔でいる。

自分が生きていることをありがたいと思うんだよ。

それぞれ個性を持っているけれど、
人の個性にいいとか、悪いはない。
人と違っているだけだから、個性を出していく。
それで勝負できるのが、二十一世紀。

学校向きじゃない子は、社会向き。社会向きの子は早く社会に出るほうがいい

子どもが不登校に悩む家庭が多いけど、そんなとき子どもに対して親がしてあげることがあります。

「信じてあげること」

「働くことは、楽しいことなんだと教えてあげること」

「自分で考える材料を与えてあげること」

だから、何も心配しなくていいんだよ。

学校向きじゃない子は、社会向きなの。

社会では働いたら働いただけお金が稼げる。

社会に出て勉強すると、学校とは違ってお金になるんだ。

勉強すればするほど、お金を稼げる。
社会向きの子は、早く社会に出るほうがいい。
いっぱい働いて、いっぱいお金を稼いで、自分の好きなように
お金を遣えるようになったら楽しいよ。
大人になるのは楽しいことなんだ。

自分らしい仕事の仕方、生き方をすれば成功者になれる

人には誰にでも個性というものがあります。
顔も違えば、考え方や生き方もそれぞれ違う。それが自然だし、
みんな、ひとりひとり違っているところが人間の〝いいとこ〟です。
みなさんも、私と違ってＯＫ。人は、他人になれないから。
あなたは、自分らしい仕事の仕方、自分らしい生き方をしていけば、

笑顔でいれば好かれるし、怒ってばかりいたらキラわれる。
それだけなんだよ。
笑顔で愛のある言葉をしゃべろうよ。
今、自分の目の前にいる人たちのために、全力を尽くす。
愛のある顔と愛のある言葉をしゃべる。これに全力を尽くす。

それで成功者になれるはずです。
私は、そう思っています。

相手の欠点を責めなければいい

人には誰でも、絶対に、弱いところと強いところがある。
ところが、人の欠点を責めはじめると、自分の弱いところを隠そうとする。
自分が人の弱点を責める性格だから、
「自分も誰かに責められるんじゃないか」と心配になるんです。
相手の欠点を責めなければいい。
お互いが弱い部分を欠点と見るのではなくて、
「自分があの人の役に立てる部分はここなんだ」
というとらえ方をしていけばいい。

私のように立派じゃない人間が、
偉そうなことをいうと、偉い人間にならなくてはいけないか、
偉い人間ではないことがバレるかの、どちらかなんです。
どっちをとっても、苦しいんですよ。
だから、どんなときでも、普通にしているのが一番いい。
自分らしくいるのが、一番ラクなんです。

あなたのできないことは、代わりに私がやってあげる

私はいつも周りの人たちにいっています。

「あなたにできないことがあっても、いいんだよ。あなたのできないことは、代わりに私がやってあげるからね」と。

道路に穴が開いていても、その穴を埋めてあげたら平らになりますよね。

それと同じで、相手の弱いところを補ってあげる。

そうすると、できない部分が普通のレベルになるんです。

できないことはできない、ということが正しいんですよ。だから、自分ができないことはやらない

どんなに時代が進んでも、できないことはできない、ということが正しいんですよ。

だから、自分ができないことはやらない。

それが得意な人がやればいいんです。

人間っていうのは、どんな時代がこようが、自分の不得手なことをやってうまくいくことはない。

苦手なんだから。

苦手なことをやってもうまくはいかない。

だから、自分ができることを考えればいいんです。

持っていないものをお互いに出し合えばいい

お互いが自分の強味を出し合い、相手の弱いところを補ってあげれば、みんな弱みがなくなってしまう。

互いの強みを出し合ったとき、その力は足し算ではなく、掛け算になる。

「三足す七は一〇」ではなく、「三かける七は二一」なんです。

成功するって、お互いが「代わり合う」ことではありません。

持っていないものをお互いに出し合えばいいんです。

私は、本を年間何百冊も読んだり、いつも肯定的なもののとらえ方ができる。

そんな強味があるけど、反面、会社にじっとしていられないとか、人前に出るのが苦手とかいった弱みがあるんです。

だから、私は自分にも「そのままでいいんだよ」といっています。

得意な人に、自分の、この弱みを補ってもらうんです。

愛されたいのであれば、まずあなたが愛せばいい

あなたが愛されたいのであれば、まずあなたが愛せばいい。
好かれたいのであれば、まずあなたが好きになればいい。
でも、全員に好かれようと思ってはいけない。
それは自分の本当の気持ちを閉じ込めてしまうことになるから。
自分のファンはひとりいればいい。
好いてくれる人がひとりいれば、それでいい。
嫌われるのを怖がって、自分の気持ちを隠さなくてもいい。

人はね、等しく個性をもって生まれている。
人とまったく同じ考えじゃいけないんです。
だから、どっか違ってていいの。

人生は「開き直ること」が大切ですよ。開き直るとは、閉じていた心を開いて、曲がっていた心をまっすぐに直すこと

だれだって、完璧ではないから、ついつい余分なことを考えたりする。
「オレは何であんなことをしてしまったかな」とか、「オレってダメだな」とかって。
でも、そういうときに、「そうだよな、わかるよ。人間だから間違いだってあるよ」
と自分に向かっていう。それだけで心が柔らかくなる。
人生は「開き直る」ことが大切ですよ。
開き直るとは、閉じていた心を開いて、曲がっていた心をまっすぐに、
ピッと直すこと。

自分ができることを生かしていけばいい。
できないことは〝いらない〟こと。
だから、心配しなくていい。
必要になったら、できるようになる。
ムリして苦しむことを、神さまは願っていないのだから。

イヤなことをいわれるのは、そよ風が吹いているくらいなもの

イヤなことをいわれても、それはそよ風が吹いたようなもの。

足を引っ張る人。

ガンガンいう人。

根回しして反対する人。

そんな人には、いってやりな。

「あんた、そんなこといってると、自分の評判をおとすだけだよ」

正しいことをしていて災いが降りかかるのなら、この世のいい人はみんな死んでる。そんなことはあり得ないの。

イヤなことをいわれるのは、そよ風が吹いてるくらいのもの。

杉の子は小さくても、完璧に杉なんだ

杉の子は小さくても、完璧に杉なんだ。
人も同じことで、子どもはどんなに小さくても、
完璧にその人。
だから、親が子どもを育てるんだという傲慢さを
捨てなくちゃね。
その子はどんなに小さくても、もう一個の人格を
備えているのだから。
それどころか、その子のお陰で、親は成長させて
もらっているんだよ。

人はしあわせになるために生まれてきた

困ったことは起きない

人は、しあわせになるために生まれてきた。

人生っていうのは、万事、自分が作ったシナリオ通りだから。

人間って、死ぬと肉体は滅びる。だけど、魂だけは滅びない。

魂は、天に昇って、魂のふるさとへ帰る。

ふるさとに帰ったら、来世はどんな人生にしようかって決める。

自分が成長するのに好都合なシナリオを、あらかじめ作る。

それからまた、生まれてくる。

そうすると、みんな世の中で一番かわいいのは自分だから、自分が不利になるように決めてくる人はいないでしょ。だから、困ったことは起きない。

そういう目で眺めたとき、あなたが悪いことをしていないのに、あなたのことを

悪くいうヤツがいたとする。そのとき、

「この人は、前世で私が頼んだ人なんだ。こんなイヤな役なのに、よく我慢して約束を守ってくれたな。ありがたい人だな」

って感謝すると、そのイヤな人は、役目を終えてスッといなくなっちゃうんだよ。

神さまがいろんな課題を与えてくれているんだよ

今、起きている現象、過去から学ぶ。

そのためにいろいろな経験をするんだ。

自分の経験から学んで、学んでいって、学びぐせをつけたとき、

「あのときああだったから、今、こういうふうによくなったんだ」

と、思えるときがくる。しあわせだなって思えるときがくる。

だって、人間は、しあわせになるために生まれてきたんだから。

不幸になるほうが難しい。
でも、現実には、楽しいと思えないようなことも起こるよね。
それは神さまがいろんな課題を与えてくれているんだよ。

私たちは、自分の人生にどんな物語でも作ることができる

人間っていうのは、その人が何を思い、何を行動するかによって、
自分の人生をバイオレンスものにもできる。
だから、すごい悲劇にもできるし、ものすごくハッピーな物語にもできる。
私たちは、どんな物語でも作ることができるんだよ。

天命でお役に立てると、心がウキウキする物語りが作れますよ

いい物語りを作るには、人の悪口をいっちゃダメ。
いつも笑顔でいてください。
そうすると天命からお呼びがかかります。
でも、天命って神のお呼びだからすごいなんて、あまり期待しないほうがいい。
ほんのささいなこと。ほんのちょっとした人さまのお役に立てることなの。
難しいことからは始まりませんからね。
天命でお役に立てると、心がウキウキする物語りが生まれてきますよ。

私は自分に対して、こういい続けてきました。
「自分は、どんなときでも明るく輝く太陽なんだ。
どんなときでも、生まれてきてしあわせだと、
いい続けるんだ」
いつも笑顔でいる。それだけなんです。

どうしたら自分が笑えるか、おもしろくなるかを考えてみてね

よく、「笑えない」「おもしろくない」という人がいるよね。
そんな人はまた、
「自分はどうして、しあわせになれないんだろう……」
とかいい出す。
でも、目の前に起こった現象が「おもしろくない」じゃない。
常におもしろくないことを考えているから、「おもしろくない」んでしょ。
どうしたら自分が笑えるか、おもしろくなるかということを考えてみてね。
そうすれば、人生、ハッピーでいられるから。

「問題」というのは、ひとつ上に上げてくれるために神さまが出してくれた階段

ツイてる人間って、困らないものなんです。
ただし、ツイてる人間といっても、生きている間には、何かしら問題が出てきます。
これは自分をひとつ上に上げてくれるために、神さまが出してくれた階段。
要するに、自分を成長させる学びをもらっているんです。

成功の法則は、会う人すべてを自分の味方にしてしまうこと

戦うとき敵方をすべて自分の味方にしてしまえば、一滴も血を流すことなく、

相手の城を取ることができます。
さらにいいことに、自分の兵力も増強できるんです。
私は、これが最強の成功法則だと思っています。
敵を作らない。会う人すべてを自分の味方にしてしまう、ということです。
会う人すべてを味方にするって、何だか難しそうに思われるでしょ。
だけど、意外とこれが難しくない。

人の悪口やグチ、嫌味、泣き言など、誰もが嫌がることをいわなければいい

全員が好ましいと思うことは何だろう。
そう考えてみたら、笑顔と愛のある言葉をかけることしかないんです。
ちなみに、「愛のある言葉」とは何でしょう。

平たくいえば、思いやりのある言葉ということです。
人の悪口やグチ、嫌味、泣き言など、とにかく誰もが嫌がることを、いわなければいいんだということになります。

みんなが我慢して、居づらいところにいちゃいけない。修行ってね、みんなラクになるための修行なんだよ

二十一世紀っていうのは、みんながはまるところにはまって、キレイな絵を作る。
そういう時代なんだ。
みんなが我慢して、居づらいところにいちゃいけない。
ラクな方法があるんだって。
修行ってね、みんなラクになるための修行なんだよ。

人間の身体は魂と肉体でできているから、
どっちかが欠けていたら生きていけない。
両方に栄養がちゃんととれてなかったら、
栄養失調になっちゃいます。
心の問題、肉体の問題、仕事の問題、お金の問題。
これらの問題を解決しないと、人ってしあわせになれない。

私もしあわせ、あなたもしあわせ。よかったね

この地球というのは、考え方の違う人間も仲良く暮らせるところなんです。
みんな、考え方が違う。個性も違う。
それは神さまが与えてくれたものだから、いい悪いはない。
正しいとか、正しくないとかってない。だから、
「私もしあわせ、あなたもしあわせ。よかったね」なんです。

あなたも神さまから、たくさんのプレゼントをもらえます

「毎日会う人のすべてが、私をしあわせに導いてくれる。私のまわりには、

しあわせの天使がいっぱい。私の人生は最高に幸せ！」
心の底からそういえるようになれば、あなたも神さまから、たくさんの
プレゼントをもらえます。

同じ太陽があたって同じ雨しか降っていないのに トウガラシは赤くなるし、ピーマンは緑になるんだよ

オカルトみたいなことを「すごいですね」って、何がすごいの？
それ、何の役に立つのか、さっぱりわからない。
そういうものに流されちゃいけない。
やっぱり、自然界の本当の神の恵みのお陰で、同じ陽があたって、同じ雨しか
降っていないのに、トウガラシは赤くなるし、ピーマンは緑になるんだよ。
米はたわわに実るんだよ。

同じお陽さまで、同じ雨だよ。
これが偉大なんだよ。
大自然の何にもないところから、お米が出てくるんだよ。
ちょこっと種を蒔いたら、こうやって出てくるんだよ。
これが偉大なんだよ。

私たちは、お宝の上に住んでいるんだよ

お地蔵さんってあるでしょ。あれは地の蔵と書くよね。
で、土の中は宝の山なの。
だから、私たちは、お宝の上に住んでいるんだよ。
それをしあわせだと感じないのは、心に豊かさがないんだよ。

方位方角おかまいなし。私のいるところが、しあわせなんです

方位方角を気にする人が多いのね。
私の精神論では、私のいるところが、しあわせなんです。
だから、私は方位方角をおかまいなしで、どこにでも行く。
それから、厄年を気にする人もいます。
でも、私にとって、厄年は飛躍の「躍年」です。
自分が出世する年だから、いい年なんです。
厄払いに神社に行っちゃいけないよ、とかいってるんじゃないよ。
どうせ、行くなら「飛躍をさせてくれてありがとうございます」と、
お礼をいいに行ってごらん。
本当に飛躍するから。

人間として生まれただけでもラッキーだよね

人間として生まれた、それだけでもラッキーだよね。
しかも、住む家もあるし、食べるものもある。
世界には食べるものがなくて、困っている人がたくさんいる。
そういう人に比べたら、日本に生まれただけでも幸せです。
それなのに「あれが欲しい。これが足りない」なんて文句をいう。
それは、心が貧しいからなんです。
天国言葉をたくさんいって、豊かな波動を出してごらん。
自然に豊かな波動を出している人を引き寄せるから。
そして、豊かな波動同士が共鳴し合って、もっと豊かになる。

私は、自分の人生のテーマを喜劇だと思っています。
だから、どんなことがあっても喜劇で、楽しくて、
おもしろくて、ハッピーなんです。

自分の神さまは自分

世界で一番、自分のために がんばってくれる人は、 自分しかいない

人を救うのは人間です。
そして、世界で一番、自分のためにがんばって
くれる人は、自分しかいない。
鏡を見ると、たいがい自分の顔が映るんだ。
この人があなたの神さまです。
自分のために、こんなにがんばってくれる人
って、他にいないんだよ。

自分のことがキライでも、引っ越すわけにはいかないから、自分を好きになるしかない

「僕、自分がキライです」
とかって、いう人もいるんだけどね。
そんなこといってないで、自分のこと好きになりなさい。
「隣の人がキライだ」っていうのは、構わないよ。
相性っていうのがあるからね。
でも、自分のことがキライでも、引っ越すわけにはいかないんだから。
自分を好きになるしかない。
それで、自分の神さまは自分なんだよ。

自分が神さまだと考えると
あなたの顔は
神社の入り口。
神社は輝いていなければいけない

自分が神さまなんだと考えると、私たちの体は、「お宮だ」ということになります。

あなたの頭は神社の屋根です。あなたの顔は、神社の入り口です。靴は神社の土台です。それがクモの巣がはっていたり、穴が開いてはいけないんです。

神社は、清らかな場所でなくてはいけない。

神々しく輝いていなければいけない。

髪の毛を光らせれば天の加護があり、顔をきれいにしていると世間の加護があります。靴をきちんと磨けば先祖の加護があります。

身なりをきちんとする。この、たった一％の努力をしていれば、残りの九九％はちゃんと世間の人がやってくれます。

人間は生きている以上、何かを学ばずにはいられない動物なんです

この世の中には簡単なものなど、ひとつとしてありません。
「感性豊か」とは、その事実を事実として受け入れられるかどうかです。
人間は生きている以上、何かを学ばずにはいられない動物なんです。
そのうちわかる日が来ると信じること。
今、与えられた人生で学びつづけて行けばいいだけ。

遺産なんかなくても生きられる

私たちは、親から遺産なんかより、もっとすごいものをもらっている。
命ももらっているし、名前ももらっている。
それにこんなに働き者に産んでもらった。
こんなに働けるなんて、これが何よりの財産。
だから、遺産なんかなくても生きられる自分なんです。

人は花だよ。
だから見事に咲いてほしい

神さまが人間を創ったとき、男も女もみんな人は花として創った

同じ値段でも、きれいなガラの服っていっぱいあるよね。

神さまが人間を創ったとき、男も女も、みんな人は花として創った。

みんなはね、ひとり、ひとりが、ホントは花なの。

とくに女性は花ですからね。

きれいにしてないとダメなんです。

女性はきれいにしていればいいんです

高価なアクセサリーは必要ありません。
何か光るものであれば、タチウオでも、サヨリでも何でもいい。
というのは冗談ですが、千円ほど出せば、キラキラしたアクセサリーは買えます。
それをつければいいんです。
女性はきれいにしていればいいんです。

花は花として、
目立たなければいけない。
そして、花として生きる

「目立ってはいけない」という人もいるけど、
社会に出たら目立たないとね。
花は花として、目立たなければいけないんです。
人の一生は一回きりです。
それは、神さまがパーティーにご招待してくれたようなもの。
「素敵だね」といわれるような姿でパーティーに出て、どこが悪いんですか?
自分はどんどん素敵になるんだ、と。
一度きりのパーティーにご招待を受けたのだから、
引っ込んでいられるか、そう思ってください。
そして、花として生きるんです。

だからみんなも
見事に咲いてほしい

自分のために見事に咲いた花を、私たちは見せていただいてる。
だから、みんなも見事に咲いてほしい。
一生一回なんだもん。一生一回、花が花と咲いて、なぜ悪いの？　って。
だから、みんなもね、素敵な、いろいろな花を咲かせてね。
花は自分のために咲いてるんです。

顔にピカピカと
ツヤを出して
キラキラした光りものを
身につける。
そして、笑顔だよ

まず、顔にピカピカとツヤを出すことね。
明るい色の洋服を着て、キラキラした光りものを
身につける。
そして、今、自分の前にいる人に、笑顔で感じの
いい言葉をしゃべる。
たった、これだけであなたはダイヤモンドのように
勝手に輝くようになります。

そのままだと
あなたの存在は光らない

「私、玉の輿に乗りたいんですけど」
といってても、顔がね、カサカサで埴輪みたいに、
無表情になっちゃってってね。
それで髪の毛がワカメみたいに、顔にベタッと
くっついて。
そのままだと、あなたの存在は光らないんだよ。

中身で勝負する前に、包装紙とかいろいろあるでしょ

「中身で勝負です」
って、いってる人もいるけどね。
中身で勝負する前に、包装紙とかいろいろある
でしょ。
デザインとかあってはじめて選んでもらえるん
じゃない？
それでもって、
「素敵な人ですね」
って、いわれる。
人はいくらでも魅力的になれます。
いいものをひとつずつプラスしていけば、
それが魅力になっていきますから。

自分が、人の目に花として映る服装はどんな服装だろうか。
どんな髪型をすれば花に見えるだろうか。
どういう笑顔が花だろうか。
そう考えながら、自分をプロデュースしてみてください。

男が魅力的で、女がきれいだったら天国

男が魅力的で、女がきれいだったら天国。
女性はどんどんキレイになる。
男性は、どんどん魅力的になる。
そしたら、ここが天国なんです。
だって、男が魅力的で、女がきれいだったら、
天国でしょ。
いつも笑顔を絶やさないこと。
自分が生きていることをありがたいと思えば、
この世界は天国になります。

天国言葉をいおうよ

「愛ある言葉」っていうのは難しくないんだよ

笑うと、目がちょっと下がって、口の角が上がるよね。

そのとき、顔に「○」ができる。

いつも怒っている人は、眉毛が釣り上がって、口がへの字になるよね。

すると、顔に「×」ができる。

顔に「×」ができたまま、「開運招福」、「商売繁昌」、「千客万来」といったところで、
顔が「×」なんだから「×」でしょ、ってことになる。

愛のある言葉っていうのは、聞くと難しそうな感じがするんだけど、そうじゃない。

たとえば、友だちに「いいこと」があったら、

「よかったね」

っていうとか、思いやりのある言葉をいうとか。

平たくいうと、グチとか、泣きごととか、嫌味とか、それはやめましょう、ってことです。

愛のある言葉をしゃべるんだっていっても、顔が怒ってたら、相手は怖いんです。

「きれいだね。楽しいね。幸せだね」口癖のようにいっていると口からあふれてくる

相手によって言葉を変えるから、お世辞と思われちゃう。
上の人にも下の人にも、横の人にも同じようにいう。
そうしたら、お世辞だとは思われなくて、
「あの人はやさしいね。平らな人だね」と。
相手がどう思おうと、
「きれいだね。楽しいね。幸せだね」

って、天国言葉をいっていればいい。
それを口癖のようにいっていると、口からあふれてくる。
そうすると相手に伝わって、周りの人みんなが天国言葉を使うようになる。

はじめに言葉なんだよ

キリストがいっている、「はじめに言葉ありき」。
「私は、自分のことを尊重しているし、尊敬してるんだ。みんなのことも
すごい尊重しているし、尊敬しているんだよ」と。
それで尊重し、尊敬したら、いろんな行いが変わってくる。
はじめに言葉なんだよ。

用事を頼まれたら「ハイ！」
それと、笑顔で「ありがとうございます」
って、いう。

できる人に「すごいねえ」って褒めてあげられるのは、最高の才能

人を褒めるのって楽しいし、褒められるのはもっと楽しい。
褒められる努力をするんじゃないよ。
褒める努力をするんだよ。
できる人に「すごいねえ」って褒めてあげられるのは、最高の才能。

「ツイてる。うれしい。楽しい。感謝しています。しあわせ。ありがとう。許します」

「劣等感の正体って何ですか」

といったときに、その正体とは、

「恐れ」なんです。

「はじめに言葉ありき」なんです。

「ツイてる。うれしい。楽しい。感謝しています。しあわせ。ありがとう。許します」

と、こういう言葉をいっているときは愛なんです。ところが、

「ついてない。不平不満。愚痴。泣き言。文句。心配ごと。許せない」

これらは全部、恐れから出ている言葉なんです。

自分を愛して、自分を尊重すればいいんです。「自分って、偉いよな」と、思えばいいんです

自分を尊重してください。自分を愛して、自分を尊重すればいいんです。

自分で自分を尊重できない理由は、たったひとつ。

あなたが完璧主義者だから。
人間は完璧じゃないんです。
だから、いろいろなことが、完璧にできなくていい。
完璧じゃないあなたが、完璧になる努力をしちゃダメ。
「自分って能力やなんかも大してないのに、よくこれだけ頑張ってるよな」とか、
「自分って、偉いよな」
と、思えばいいんです。

「ダメだ、ダメだ」とは絶対いわないでね

「自分はダメだ、ダメだ！」といっていると、本当にダメ人間になってしまう。
人間はいつもいわれていると影響されてしまう生きものなんです。
だから、「ダメだ、ダメだ」とは、絶対にいわないでね。

これは子どもに対しても同じことです。
そういわれて育てられると、ダメな子になってしまうから。自分を信じて
「偉いよ」と思っていれば、立派にやっていけます。

「恐れ」が出てきたら「ツイてる、ツイてる」といっちゃえばいい

「心配」とは、「恐れ」から出る言葉です。
「尊敬」とか「尊重」というのは、「愛」からしか出ないの。
恐れが出てきたとき、恐れを生み出すものを全部つぶしちゃえばいい。
その癖をつければいいだけ。
「恐れ」が出てきたら、「ツイてる、ツイてる」といっちゃえばいい。
劣等感が出てきそうになったら、
「自分はよく頑張ってるよな」とか、

「俺は自分のことを尊重して尊敬してるんだよ」

とかいっちゃう。

今、頑張っている未熟な人間を見ると、

「あの魂やなんかも、あと五代とか十代したら、素晴らしいものになるんだろうな。素晴らしい魂になるんだろうな」

とか、尊重するんです。

「お母さんが生んだ子なんだから、あんたのこと大好きだよ」

子どものことも、「おまえのことが心配でさ」というのは恐れなんです。

そうじゃないの。

「お母さんは、あんたのこと信じてるからね」

「あんたなら大丈夫だよ」

「お母さんなんか、こんな未熟だって、これだけやれたんだもん。
だから、お母さんは、自分のこと大好きだよ」と。
「お母さんが生んだ子なんだから、私はあんたのこと大好きだよ」と。
その言葉には、恐れがないいんです。

「恐れ」より「愛」が多い時間を作ればいい

「恐れ」より、「愛」のほうが多い時間を作ればいいんです。
愛なんか、出す必要ない。
もともと人は愛の塊だからね。
愛をなくさせているのは、恐れ。
それで、恐れから出る言葉が地獄の言葉なんです。

褒める気になれば、いくらでも褒められる。
けなす気になれば、いくらでもけなせる。
自分をけなして生きたら地獄だよ。
自分のあらを探す人は、必ず人のあらを探すよ。

自分が変わってから自分を愛するんじゃないんだよ。愛すれば変わるんです

「恐れ」とは、「闇」と同じで、電気をつけたら消えちゃう。
それで闇にしておくと、恐怖もまたわいてくる。
だから、自分に対して「自分を尊重して、尊敬しているよ」っていえばいい。
たったこのことで、全部変わっちゃう。
自分のことをそのままで尊重しな。
そしたら、どんどん変わっていく。
変わってから自分を愛するんじゃないんだよ。
愛すれば変わるんです。

ここは神が天国として作った最高にきれいな星です。花があり、水があり、歌がある

人を怒鳴って、人からエネルギーを取ること。
人に哀れみを乞うて、人の心からエネルギーを取ること。
これをやめな。それ自体が地獄なんだよ。
ないものを奪い合っているって地獄だよ。
そんな地獄のような生活しちゃいけない。
ここは、神が天国として作った最高にきれいな星です。
花があり、水があり、歌があるんです。

世の中はシンプルにできている

世の中は、本当は、シンプルにできている。

笑ってしまうほど、すごくシンプル。

たとえば、ガンという重い病気に冒されているのに、いつも笑っている強気な患者はめったにいない。

いつも笑っている患者は元気になってしまうから。

もちろん、病気になったら、病院でちゃんと治療を受けなくてはなりません。

だけど、世の中には、利用していいものが他にもたくさんある。

そのひとつが、「ツイてる」という言葉。

この言葉をいえば、ツイてる人間になるんです。

「ツイてる」といってみてください。
何がツイてるかって?
そんなこと細かに検証する必要はありません。
「人知を超えるほど、自分はツイてるんだ」
と。これでいいんです。
理屈を考えている時間があったら「ツイてる」といえばいい。

ダメな人間なんていないんだよ

ダイヤモンドは勝手に
輝いています。
人間も同じだよ

ダイヤモンドは、だれが見ても輝いているよね。
ダイヤモンドを見て、「欲しい」と思う人もいれば、
「そんなのいらない」と思う人もいる。
「そんなの見栄のかたまりだ」という人もいる。
人がどう思うと関係なく、ダイヤモンドは勝手に
輝いているんです。
人間も同じだよ。

相手が欠点だと思っていることが、実は長所だとわかることがあるでしょ

相手の話をいろいろ聞く。
学生時代、どんなことで怒られていたかとか、
そういうたわいのない話をする。そうすると、
意外にも相手が欠点だと思っていることが、
実は長所であるとわかることがあるんです。
「遊んでばかりでダメじゃないか」
と、怒られてばかりいた人は、
遊びを考えるのが得意なんです。
自分を楽しませることを知っている人は、
人を楽しませることも得意なんです。

普通の人は、自分がもっている〝いいもの〟に気がついていない

だから、得意なことばかり聞くのではなく、いつも怒られていたことを聞いてあげると、その人間の良さを見出すことができる。

そしたら、その良さを褒めてあげればいいんです。

人を注意したり、怒ったりしているよりも、相手の〝いいもの〟を探して、褒めてあげるほうがラク。

褒められている人もうれしいし、人を褒めてあげた自分も感謝されてハッピーでいられますからね。

私は「不完璧主義者」です。自分自身が不完璧な人間だから

なぜ、私が不完璧主義者かというと、自分自身が不完璧な人間だから。

完璧主義者というのは、完璧にできなかったことをずっと悔やんで自分を責めるか、他人を責めるか。

いずれにしろ、人間を責める人のことです。

そうなると、自分で自分のことをきらいになるか、責めた人からきらわれるかのいずれかになってしまう。

私は、どっちもイヤだから、不完璧主義者なんです。

どちらが良くて、どちらが悪いといっているのではありません。

私の個人的趣味で、不完璧主義者がいいといっているだけなの。

七八％で人間は最高。人間に完璧はないんです

「七八対二二の法則」、別名「ユダヤの法則」というものがあるんです。

それによると、人間がやることは、最高で七八％なのだそうです。

人は誰でも、何かをしようとするときは完璧を期します。

ところが、やってみると一〇〇％完璧にはいかない。

七八％で人間は最高。

たとえ完璧主義者であっても、一〇〇％はできません。

人間に完璧はないんです。

できなかった二二%をチェックして、次回に改良する。これをくり返していけば人はよくなるんです

不完全主義者だからといって、いい加減にやるのではありません。

やるからにはやはり、一〇〇%を目指す。

でも、人間がやることは最高で七八%だから、結果については、「よかったね」という。

それで、できなかった二二%をチェックしておいて、次回はこれを改良する。

これをくり返していけば人はよくなるんです。

限りなく完璧を目指すけれど、完璧にはなれない。
だからこそ、退屈しなくて済む。
人生は楽しいんです。不完全主義っていいでしょ。
完璧ではない者同士、何とか完璧に近づこうとして生きる。
これで十分なんです。
「お互い、がんばってるね」
と、いえたらハッピーです。

恥をかいていいんだよ

「人間は恥をかきながら向上するんだよ」

と、私は周りにいってきました。

そしたら、みんなが見違えるようになってきました。

私自身も恥をかいてきました。

「穴があったら入りたい」どころか、

「穴を掘ってでも入りたい」ということが、
山ほどあったんです。

「何て自分はバカだったんだ」

ということがわかれば、人間は進歩したことになります。

「恥をかいていいんだよ」

わからないことを質問するから、人は利口になる

恥をかくのは悪いことではありません。
恥ずかしいと思ったとき、人は次の手を考えて向上するんです。
恥をかくことはいけないと思っていたら、その突破口を開くことができないでしょ。
わからないことがあったら、知っている人に質問すればいい。
質問すると恥をかきますが、わからないことを質問するから、人は利口になるんです。

今日から、みんなで恥をかきましょう。恥をかきながら覚えたことは一生忘れません

本当に頭のいい人は、知らないことを質問するんです。

だから、誰かが質問したときは、

「こんなことも知らないのか」

と、私は思いません。

「あの人は、知らないことを質問できる人だ」

と、尊敬の念をもって拍手を送ります。

今日から、みんなで恥をかきましょう。

恥をかきながら覚えたことは、一生忘れません。

心にグサリと刻まれてしまうから。

そして、心にたくさんヒビが入ってできた模様が、人間の芸術になる。

今回の恥は あなたにとって 必要だったと思えば いいだけ

人の人生には、必要がないことはひとつとして起こらない。
だから、今回の恥はあなたにとって必要だったと思えばいいだけ。

人の判断で動いて失敗しないより、自分の判断で成功を見つけていったほうがいい

親の判断に頼って生きてきて、ある日突然、親が亡くなったときに、

「今日から、お前の思う通りに生きてみろ」

って、いきなりいわれてもできないんだよね。

だから、人の判断で動いて失敗しないより、自分の判断で成功を見つけていったほうがいい。それが私の考え方なんだね。

これ、正しいか、正しくないかじゃない。

私にとっては、そのほうが楽しいの。

親の判断を取るか、自分の判断を取るか、それは自分が決めないとね。

自分のことを「ダメ人間」だって考えるのは違う。
この世に、ダメな人間っていないんです。

まずは、自分が持ってる〝いいとこ〟に気づくこと

人間って、みんな何かしら〝いいとこ〟持ってる。
それを見つけて伸ばせばいいんだよ。
すべてのものは「一」から始まります。
どんなことでも「一」があって「二」になる。
で、その「二」は「三」になる。
だけど、最初は「一」からなんだよ。
スタートはやっぱり「一」からです。
じゃあ、その「一」って何ですか、っていうとね。
まずは、自分が持ってる〝いいとこ〟に気づくこと。
世の中って、意外と、自分が欠点だと思っている
ことが長所だったりするんです。

病気っていうのは
気が患うんです。
強気になれば
勝手に治っちゃう。
病院に行きながら、
強気で生きていけばいい

どっか体の具合が悪くて、
「あそこが悪くて、ここが悪くて」
という人もいるけど、
「いや、私は元気ですよ。こんなもんで十分です」
とかいってる、そんな強気な病人って珍しいんだよ。
そういう人って、たいてい治っちゃう。
病気っていうのは、気が患うんです。
弱気になると病気になりやすくなる。
でも、強気になれば勝手に治っちゃうものなんだ。
病院で治療を受けるな、ということじゃない。
病院に行きながら、強気で生きていけばいい。

強気になるのに、周りなんて関係ない。
不思議なんだけど、自分が強気のほうがいいと思ってれば、
どんどん強気になるんです。

「まぁいいか」を
口ぐせにする。
肩の荷が下りたように
人生もラクになるから

世の中の八割は白黒つけなくてもいいようなこと。
それをムリに白黒つけようとするから悩んじゃう。
たとえば、自分が信じている宗教だけが正しいと
思うから戦争になる。
「あなたのとこの宗教もいいですね。うちもいい
宗教なんだよ。お互い、いい宗教でよかったね」
だから、「まあいいか」を口ぐせにする。
肩の荷が下りたように、人生ラクになるから。

自分にも好きな人がいる。相手にも好きな人がいる。よかった。よかった

好きになった相手に、自分以外にも好きな人がいても、全然問題じゃない。

好きなものは、いくつあっても悩みじゃない。

「あなたには、ほかにも好きな人がいたのね。よかった、よかった」

ということだから、悩みでも何でもない。

本当に悩まなければいけないのは、好きな人も、好きになってくれる人も、ひとりもいないということなんです。

自分に好きな人がいる。

相手にも好きな人がいる。

よかった。よかった。

足るを知る人が、しあわせな人

欲にキリなし、地獄に底なし

「欲にキリなし、地獄に底なし」です。
しあわせっていうのは、自分の心が決めるんだよ。
お金も必要かもしれない。
でも、今、貧乏だから、お金を手に入れたら
しあわせになれるという人は、
お金を持ってもしあわせになれない。
「今、しあわせだ」と思える人がお金を持ったとき、
さらなるしあわせが手に入ります。

今、仕事ができるだけでしあわせなんです。これが楽しくなくて何が楽しいの？

今、仕事ができることだけでしあわせなんです。
仕事は人生の修行ができて、面白くて、
お金も稼げる。
これが楽しくなくて、何が楽しいの？

世界で一番しあわせな人間って、
足るを知っている人なんだよ。
常に、今、自分に足らないものを、
「これがあれば、しあわせになれる」
と思っている人は、実は一生しあわせは手に入らない。
なぜかというと、それは心の問題だから。
欲しいものを手に入れた瞬間から、
次に足らないものを求めはじめるから。

一番いけないのは、自分にないことを望むこと

できないというのは、やる必要のないこと、
いらないこと。
できないことを生かせばいい。
神さまが与えてくれないものは、いらないものなの。
それがわかっていないから、努力してもろくに
できなくて、
「自分は何てダメな人間なんだろう」
となってしまう。
神さまが与えてくれなかった才能を、落ち込み
ながら一生懸命努力してもダメ。
一番いけないのは、自分にないことを望むこと。

家族だから、わかりあえないと思ったほうがいい

「親なのに、どうしてわかってくれないの」

「私の子なんだからわかるでしょう」

という人がいるけれど、これは逆。

親だから、子だからこそ、相手のことがわからない。

これを勘違いすると、「許せない」「冷たい」「寂しい」となる。

家族だからわかりあえるはずだと思ってはいけないんです。

家族だから、わかりあえないと思ったほうがいい。

肉親というのは、自分の魂にとって、一番大事で難しい修行の相手。

だから、簡単にわからなくて当たり前なんです。

「ちょっと元気がないな」と思ったら神社やお寺の豊かな波動の中で心をリセット

「ちょっと元気がないな」

「あんまり豊かな心の状態ではないな」

そんなときに、便利なのが神社です。

神社に行くと、頭の中がシーンとして、澄んだ感じがする。

それは、神社が豊かな波動を出しているから。

その波動の中へ行くと、心の状態がリセットされます。

神社にもいろいろあるけど、いい神社の簡単な見分け方は、ご神木があるかどうか。樹齢何百年とか千年を超える大木が境内にあれば大丈夫。

高い木には雷が落ちやすいから、長い長い年月、長生きしているだけで奇跡。

きっと何かに守られているから。

神社だけでなく、お寺の場合もご神木があるところはいい場所。

この道
ゆっくり歩いてもいい
休んでもいい
どこまでも続くお花畑
来世も　そのまた来世も
どこまでも　ずっとずっと
続く道

人はだれでも、かならず
いいものをもっている

イヤなヤツなんか、仲良くすることない

我慢するということは、イヤイヤそこにいること。
調和するということは、楽しくそこにいること。
で、少なくとも、周りのみんなと仲良くしなくちゃいけないのかというと、
そんな必要はまったくありません。
イヤなヤツなんか、仲良くすることないんです。
イヤなヤツと仲良くすると、人生がイヤになっちゃう。
イヤなヤツがいたら、「イヤなヤツだね～」とか、「性格悪いね。意地悪いね～」
とか、「いつも暗いね～」とかいっちゃうんです。
そうすると、相手にとって、自分のほうがもっとイヤなヤツになって、
相手が寄って来なくなる。

イヤなヤツには、自分が三倍ぐらいイヤなヤツになってやればいいんです。
そうなると、二度と来ませんから。

会いたくない人に会わなきゃいけなくなったら ササッと避ければいい

人間には、二つイヤなことがある。
ひとつは、会いたい人に会えないこと。
もうひとつは、会いたくない人間に会わなくてはいけないこと。
この二つが、メチャクチャ苦しい。
会いたい人に会えなくても、夢のなかでは会える。
だけど、会いたくない人に会わなきゃいけないというのは苦しい。
会いたくない人って、どういう人かというと、ウマが合わない人。

誰にでも、ひとりかふたり、ウマが合わない人がいるんです。
おそらく、私にもそういう人がいるはずなんですけど、私の目の前には
そういう人は現れません。
どうしてだと思いますか？　答えは簡単です。
私は、そういう人と会わないことにしているから。
万が一、そういう人と会わなくてはいけなくなったら、ササッと避ける。

距離を保っていると距離が縮まることもある

会っていて楽しくなければ、会わなくていい。

相性が悪いのに会っていると、きょうだいだって殺されることがある。

人間には一生に一度会えばいい人と、一年に一度会えばいい人、ひと月に一度ぐらい会えばいい人、それから毎日でも会いたい人がいます。

その距離を保っていると、距離が縮まることもある。

だから、ムリに会う必要はない。その距離を大切にするの。

そうすることによって、お互いがしあわせになれるんです。

どうすれば楽しくなるかを基準にするんだよ

「どっちが正しいかではなく、どうすれば楽しくなるかを基準にするんだよ」

と、よく私はいいます。

「どうすれば楽しくなるか」とは、その場にいる人間たちが楽しくなること。

それは人を傷つけることなく、楽しいひとときを過ごせるようにすること。

人間関係の修行の中で、最大の修行が結婚

「人間はみな、人間関係を修行するために、この世の中に生まれ出てきている」

そんなことを私は考えています。

人間関係の修行の中で、最大の修行が結婚、というのが私の持論なんです。

結婚がなぜ人間関係の修行かというと、夫婦というものは、世界で一番相性の悪い者同士が好き合って、ひとつ屋根の下で生活するから。

「気の迷い」にスイッチが入ると結婚する

「気の迷い」にスイッチが入ると、脳から特殊なホルモンが出る。

このホルモンが出ると、脳が一時的に錯乱してしまう。
私はこのホルモンを〝ヘナモン〟と呼んでいます。
この〝ヘナモン〟というホルモンは不思議なもので、相手が変な人であれば
あるほど、分泌量が増えるのです。
結婚するとこの〝ヘナモン〟が徐々に減り出す。
目が覚めて、相性の悪い人間と一緒になってしまったことに気がつく。
どういうことかというと、たいがい相手は自分が嫌がることをするのね。
ゴロゴロされることがキライな人には、相手がゴロゴロする。
ヤキモチを焼かれることがキライな人には、ヤキモチを焼く。
束縛されることがキライな人には、束縛します。

結婚はしたほうがいいんです

結婚式をしているときがしあわせで、別れたときは倍しあわせ。
そのうえ、夫婦でいる間に修行になるんですから。
何のための修行かというと、人は人を変えられないという修行です。
そのことを学ぶために、相性の悪い人間同士が一緒に合宿するんです。
結婚という修行を乗り越えるには、まず、相手に絶対期待しないこと。
それから、相手を絶対変えようとしないこと。
この二つしかありません。
結婚はしたほうがいいんです。

すべての人間関係は相手に期待しない、変えようとしない修行

夫婦にかぎらず、すべての人間関係は、
「相手に期待しない。相手を変えようとしない」の修行です。
互いが、
「自分が正しくて、相手が悪い」
といい合っていたら、キリがありません。
人間関係をよくしたいと思うならば、相手を変えるより、
自分が変わる以外にすべがありません。

ご主人の浮気も、すべて自分の責任だと思ってみる

ご主人が浮気したのも、すべて自分の責任だと思ってみる。

そうすると、結婚後、おしゃれをすることを怠り、魅力のない女性になってしまったことに気がつくかもしれない。

店屋物ばかり食べさせて、ご主人を辟易させていたと気づくかもしれない。

甘いマスクと甘い言葉に、ひっかかってしまう自分だと気づくかもしれない。

いずれにしろ、責任は一〇〇％自分にあると思うことです。

人の脳は勝手に自分が改良すべきところを探すものなんです。

そこを改良したとき、ご主人は浮気をやめるか、それとも、ご主人よりも、もっと素敵な男性が現れるかのどちらかです。

自分に起きたことは一〇〇%自分の責任

時間を敵に回しちゃダメ。
それでね、敵を増やしちゃダメ。
ブスっとした顔をしてると、敵が増えるんです。
それから、人を傷つけるようなことをいうと、敵が増える。
会う人、会う人を敵に回すか、会う人、会う人を味方にするか。
それによって、人生は全然違うんです。

難しいことといって成功した人を、あんまり見たことない

この世の中って、そんなに難しくできてない。
難しいことといってる人で成功した人って、私は、あんまり見たことない。
だから、難しいことって、やめたほうがいいよっていうことね。

相手の話を聞いたらまず、「そうだね。わかるよ」という言葉を使うといい

人との距離を埋めるには、人の話をじっくり聞いてあげる。
相手の話を聞いたらまず、

「そうだね。わかるよ」
という言葉を使うといい。いきなり自分の意見をいうのじゃなくてね。
まず、あなたのいっていることはわかると認める。
別に、その人の意見に賛成できなくてもいい。
「あなたのいいたいことは理解しました」ということだから。
ウソついているわけじゃないし、その人を頭ごなしに否定しないですむ。
すると、お互いの気持ちが通じるようになる。

自分がイヤなことを、ほかの人には絶対しないと決意する

よく仲間はずれになって、悩んでいる人がいるけど、それは自分の意見をしっかりいわないから。向こうのいいなりになっているから、そうなる。

しっかり自分の意見をいえばいい。

そして、自分はイジメをしない、人殺しをしない、意地悪をしないということを貫き通す。それを貫いているうちに、必ずその人の実力通りになるから。

仲間はずれやイジメを悩みに終わらせない。

自分を成長させるチャンスにしなくちゃね。

自分がイヤなことを、ほかの人には絶対しないと決意するんです。

パニクっても「大丈夫、大丈夫、大丈夫」と続けていってごらん

急に問題が起こって、頭がパニックになると、かえって失敗して傷口を広げてしまう。

こんなときには、まず「大丈夫、大丈夫、大丈夫」と続けていってごらん。

そうやっていると、気持ちが落ち着いてくるから。

気持ちが落ち着いてきてから、問題に対処する。

よし、今日も滝に打たれに行くか

私も精神修行のために山で滝に打たれたことがあります。
滝の上から落ちてくる水は、冷たいだけでなく、コン棒で叩かれるぐらい痛い。
ところが、日常生活の場所、職場には、滝がありません。
その代わりにイヤな上司がいる。そう思えばいいんです。だから、
「今日も、あのイヤな上司の下で働かなきゃいけないのか」ではない。
イヤな上司に滝の名前をつけて、
「よし、今日も滝に打たれに行くか」
と思いながら、会社に行けばいい。

頭がよくなり悟りが開けるうえに、何をしてもうまく行く。
そんな魔法のような話があります。
それは何かというと、「一〇〇%自分の責任」という話です。
自分に起きたことは、一〇〇%自分の責任だと思うこと。
五〇%ではありません。〇%でもありません。一〇〇%です。

イヤなことばかりに焦点をあてていたら、その人生はつまらない

イヤなことばかりに焦点をあてていたら、その人生はつまらない。
そうじゃなくて、楽しいことばかりを考えて生きる。
それがしあわせのコツです。

人間には、なくそうとしてはいけないものがあります

人間には、なくそうとしてはいけないものがあります。
それは何かというと、「不安」です。
なぜ、不安をなくそうとしてはいけないかというとね。

人間は不安がある動物だから。
不安な生き物だから、不安がなくならない。
不安がなくなるのは、あの世に行ったとき。
死んだときに「涅槃に入る」といって、
このときが「大安心《だいあんじん》」なんです。

「この不安があるなかで、自分は何ができるだろう」と考え出したとき、人は動き出す

なくならないものを、なくそうと思ってはいけない。
ムリがかかって自分が苦しくなるから。
不安をイヤだと思っても、なくならないものは、なくならない。
それをイヤだと思うと同時に、苦しみがやってくる。

だから、私は、これをおもしろいと思う。
不安を利用して人生を楽しむしかない、と思っているんです。
イヤだと思っているだけでは、何も生まれないけれど、
「この不安があるなかで、自分は何ができるだろう」
と考え出したとき、人は動き出す。
現実が変わるんです。
人間というものは本当に不思議なもので、不安があるのが普通だと思うと、
意外と不安がなくなるものなんです。

「諦める」というのは、
自暴自棄になれということではありません。
ここでいう「諦める」は、
「明らかに眺める」ということ。

間違っていれば変えればいいんだよ

反省しているヒマがあったら、間違ったところをすぐ直す

「あなたはこういうところを直したほうがいいよ」

といわれると、ズンと落ち込む人がいるけど、それは間違い。

だって、直すべきところを直せばいいだけのことなんだから。

「2＋2＝3」と書いちゃったとき、「それは4だよ」と教えてもらったら、すぐ「4」と書く。「何で3って書いちゃったんだろう」とかグズグズ考え込む必要はない。直して、すぐ次に行けばいい。

そして「4」と教えてくれた人に、もっと教えてもらう。

教わっているうちに、だんだん要領がわかって、ものごとの考え方も学べる。だから、反省なんかしなくていいんだよ。

反省しているヒマがあったら、間違ったところをすぐ直すことです。

少しずつ改善していけば、必ずいい方向に進む

完璧でない自分が完璧を目指したら、当然のように失敗した。
だから、また次に完璧を目指そうと思うの。
すると、失敗することが楽しくなるからね。
だって、次に改善するところがわかるから。
少しずつ改善していけば、必ずいい方向に進むんです。

私の話がわからなかったら、それは私の伝え方が悪かったせい

難しい話をより難しく話し、より難しく書く人は、自分を偉く見せたい人です。

理解できないのは、頭が悪いからではない。
話を聞いた人、話を読んだ人がわからなければ意味はないよね。
私の話がわからなかったら、それは私の伝え方が悪かったせいだと思う。
読んだ人のせいではないんです。

間違っていたら、変えればいい

人生っていうのは、その人が考えて、その人が切り開いていくもんなんだ。
それぞれの人がやろうとしていることが、正しいんじゃないかな。
もちろん、判断が間違うことはあるよ。
だけど、間違ったからって、何も問題はないよ。
間違っていたら、変えればいいんであってね。
自分が考えたことを自分が行う。すると、そこに学ぶものがある。

判断が間違っていたら、
それを修正する方法はどうなのかって考える。
すると、次にまた新しい判断が出てくる。
人生って、常に、これの連続なんだよ。
これが一番大切なことなんです。

ムシの好かない人が現れるのは、自分の器を大きくするチャンス

人間は、自分のもっている欠点と同じものをキラうものです。

相性の悪い人がいたら、その人のイヤなところが自分にもないか探してみる。

ムシの好かない人が、あなたの目の前に現れるのは、あなたの心をもっと豊かにするため。

修行になる相手が出てきてくれたということ。

自分の器を大きくするチャンス。

いろんな角度から、自分を見つめ直せるのだから。

ほかの人の心は変えられない。変えることができるのは、自分の心だけ

自分の心を変えようとしないで、ほかの人に変わってくれないかなと思っても、結局、誰も変わらないし、何も変わらない。

だから、自分がどう変われば問題が解決するかを考える。

必ず解決方法が見つかるから。

最初からうまくいくことなんてない

世の中って、最初からうまくいくことなんてない。

人間というものは、十万回生まれ変わるのだとか。
十万回のうちの何回かは、そういう人生があるんです。
だから、この人生でわからなくても何の問題もありません。

小さいときに何か失敗したら「何だ、お前」と、親や先生に怒られた。

だから、失敗すれば怒られるという頭になっちゃったんだよね。

でも、最初からうまくいかないでしょうって。

だんだんうまくなるんでしょうって。

ちょっと失敗するたびに怒った親や先生が、未熟なの。

あなたに罪はないんだよ。

三万回でダメなら、「来世があるさ」と思うほうがラク

一度や二度教えたぐらいで、人が何とかなると思っている方もいます。

でも、その程度で覚えられる人は、天才なんです。

世の中には、天才ではない人のほうが多い。

「自分は天才を教えている」

と思うのは自由です。でもその前に、自分が天才にものを教えられるほど天才かどうか、一度考えてみたほうが、自分のためです。

「一度教えたのに、まだできないのか！」

といって怒るよりもね。

四〇〇回がダメなら九〇〇回、九〇〇回でダメなら一五〇〇回……。

三万回でダメなら、「来世があるさ」と思っていたほうがラクです。

人は誰でも、必ず何かしら〝いいもの〟をもっています。

私は、そう信じています。

だからこそ、私は相手ができるようになるまで、いい続けられるんでしょう。

あなたの波動が変われば、すべてが変わる

劣等感をあなたに与えている人は、精神的にあなたを虐待している。

ところが、本当の悪者は、実はあなたなんです。
「自分は何といわれようと、ここから出て行ったら、食べていけないんだ」
とか、自分というものを、すごく虐待している。
本当にあなたを虐待しているのは、あなたなんです。
あなたの心の中をじっと見つめてください。
いろんなことを見抜けるようになるから。
見抜けるようになった人間は、顔が違います。
あなたから出てくる波動が違います。
波動が変われば、すべてが変わります。
前の自分とは、もう別の人です。
そして別の人生を歩めます。

あなたのことは、神さまが認めているんだから。

神さまが認めているから、あなたを地球に生ませたの。

だから、周りの人が何をいったって、関係ない。

「私のことは、神さまが認めてくれているんだ」

そう思えばいいんです。

過去は変えられるけど未来は変えられない

「過去は変えられないけれど、未来は変えられる」

世間の人はそういいます。でも、私はそう思いません。

残念だけど、そうはならない。

「過去は変えられるけれど、未来は変えられない」

これが現実です。変えられるのは過去なんです。

なぜ、過去が変えられるのかというと、昔のことを思い浮かべるとき、
過去の出来事はもう「思い出」ですよね。

思い出というものは、後でいかようにも変えられる。

人間は、「今がおもしろい。今がしあわせだ」と、過去の不幸がしあわせなことに思えてしまう。過去のイヤな出来事が、今の自分の宝なんだと思えてしまう。

過去のどんな出来事もしあわせと思える人は、
今もしあわせです。
今がしあわせだからこそ、未来がしあわせになるんです。
人間は万物の霊長です。過去は変えられるんです。
目の前の現実に向かっていけば、イヤな出来事が
やがて自分の宝になります。

しっかり生きてしっかり死ぬ

いかにも「生きてる！」って感じで生きる。楽しく生きてこそ人生なんです

いかにも「生きてる！」って感じで生きる。

ただ生きてるというだけでは、人生とはいえない。

楽しく生きてこそ人生なんです。

人生というのは魂の修行なの。人は魂をもって生まれるからね。

その魂のレベルを少しでも上げるために、人生がある。

人生で出会う困難は、魂のレベルを上げるための課題だから、それを乗り越えていくことに喜びを感じなくちゃね。

生きている限り学んで、学んで、学びつづけて魂のふるさとに帰る

生きている限り学んで、学んで、学びつづけ、自分が学んだことを人に伝えて魂のふるさとに帰る。

魂のふるさとへ持ち帰れるものは、あなたがこの世で人に与えたものだけです。

人に愛を与え、大切な人たちに囲まれて楽しく生きて、「本当にしあわせだった」っていう記憶しか持っていけない。

この世に生きて何を大切にするか、ってことが大事なんです。

自分も相手も
目の前にいる人も、
いつ死ぬかわからない。
そういうことを
考えただけで
人はまともに愛の道に
戻れる

人は、死んでまた生まれ変わり、何度も生まれ変わりする。

その迎えに来てくれる死というのを、怖いものだ、怖いものだと思わせようとするのは、悪魔の仕業です。

もしかしたら、自分もいつ死ぬかわからない。

そして、相手も、目の前にいる人も、いつ死ぬかわからない。

そういうことを考えただけで、人はまともに愛の道に戻れるんです。

人は何度も、何度も生まれ変わる。だから、死なんか恐れることない

人は何度も、何度も生まれ変わります。
だから、死なんか恐れることない。
死ぬときに迷わないように迎えに来る優しい最後の神様がいます。
ちゃんと生きていれば、ちゃんと迎えに来てくれる。
「一緒に行こうね」って連れていってくれる最高の天使なんです。
最後に迎えに来てくれる優しい神様を「死神」とか呼ぶのって、失礼だよね。

大切な命だから、ちゃんと全うしなくちゃいけないよ

最後の神様という天使は、あなたの心の中に変化を起こさせてくれます。
死を怖れないというのと、命を無駄にするというのは、全然違う意味なんです。
大切な、大切な命なんだから、ちゃんと全《まっと》うしなくちゃいけないよ。

かなえたい夢は、どんどん口に出していっちゃうほうがいい

自分がやりたいことや、かなえたい夢なんかは、
どんどん口に出していっちゃったほうがいい。
「こんなことできるわけがない」
「人が聞いたら笑っちゃうよ」
などと思うからいえなくなる。
笑われてもいいじゃない。
また、一回いったことは、責任なんか取らなくていい。
人間の心はころころ変わるものだし、だから
「こころ」というの。
やりたいことをいつもいっていると、そのうちに
本当に実現したいことに出会えるから。
周りに必要なものが集まってくる。
目の前の目標は、どんどんいいましょう。
エネルギーが出るしね。

でも、あんまり大きすぎる目標は、
人にいわないで
「神さまがいるから大丈夫」と、
心にしまっておけばいい。

死ぬのは、寿命が来たとき。寿命が来るまで死なない

弾は誰にでも当たるわけじゃない。当たらないヤツには当たらない。もし、当たったとしたら、それが寿命なんです。寿命が来るまでは死なない。

危険なところへ行ったから死ぬってわけじゃない。死ぬのは、寿命が来たとき。だから、寿命が来るまで死なない。

命の問題はそうやって考える。それで、先へ、先へと行くんだよ。

生きるときは、
生きてるって感じで
しっかり生きる。
死ぬときは、
真面目に死ぬんだよ

生きてる間から、死んだように生きているヤツって
いるんだよ。
だから、生きているときは、生きてるって感じで
生きる。
死ぬときは、真面目に死ぬんだよ。
生きてるときは、しっかり生きる。
で、死ぬときは、しっかり死ぬ。
しっかり死ねば、浮遊霊とかにはならないんだよ。
しっかり死なないヤツって、しっかり生きて
いないんだよ。
しっかり生きて、しっかり死ぬ。
二つしかないんだから。

命という字を見てごらん。
「人は、一度は叩かれる」と書くでしょ。
人は、この世に生まれてきたら、
一度は試練を受けるようになっている。
だけど、これが絶対乗り越えられる試練です。
神さまは、その人が乗り越えられる試練しか与えない。

神さまはみんながイヤがったり、困るようなことをしないいんだよ

人間って、何回も、何回も生まれ変わり、成長していきます。

死というものを、そんなにイヤなものととらえる必要はないの。

神さまは、みんながイヤがったり、困るようなことをしないいんだよ。

心豊かになりな。しあわせになりな。
そして、愛を出していくんだよ。
もっと、しあわせになる生き方があるんだよ。

ひとりさんとお弟子さんたちのブログについて

斎藤一人オフィシャルブログ
（一人さんご本人がやっているブログです）
https://ameblo.jp/saitou-hitori-official

お弟子さんたちのブログ

柴村恵美子さんのブログ
https://ameblo.jp/tuiteru-emiko/

舛岡はなゑさんのブログ
【ふとどきふらちな女神さま】
https://ameblo.jp/tsuki-4978/
銀座まるかん オフィスはなゑのブログ
https://ameblo.jp/hitori-myoudai-hana/

みっちゃん先生ブログ
http://mitchansensei.jugem.jp/

宮本真由美さんのブログ
https://ameblo.jp/mm4900/

千葉純一さんのブログ
https://ameblo.jp/chiba4900/

遠藤忠夫さんのブログ
https://ameblo.jp/ukon-azuki/

宇野信行さんのブログ
https://ameblo.jp/nobuyuki4499

高津りえさんのブログ
http://blog.rie-hikari.com/

おがちゃんのブログ
https://ameblo.jp/mukarayu-ogata/

楽しいお知らせ

無　　料　ひとりさんファンなら
一生に一度はやってみたい

「大笑参り《おおわらい》」

ハンコを9個集める楽しいお参りです。
９個集めるのに約7分でできます。

場　　所：ひとりさんファンクラブ
（JR新小岩駅南口アーケード街　徒歩３分）
電　　話：03-3654-4949
年中無休（朝10時～夜7時）

≪無料≫　金運祈願　恋愛祈願　就職祈願　合格祈願
健康祈願　商売繁盛

ひとりさんファンクラブ

住　所：〒124-0024　東京都葛飾区新小岩1-54-5
ルミエール商店街アーケード内
営　業：朝10時～夜7時まで。
年中無休　電話：03-3654-4949

各地のひとりさんスポット

ひとりさん観音：瑞宝山　総林寺
住　所：北海道河東郡上士幌町字上士幌東4線247番地
電　話：01564-2-2523

ついてる鳥居：最上三十三観音第二番　山寺千手院
住　所：山形県山形市大字山寺4753
電　話：023-695-2845

観音様までの楽しいマップ

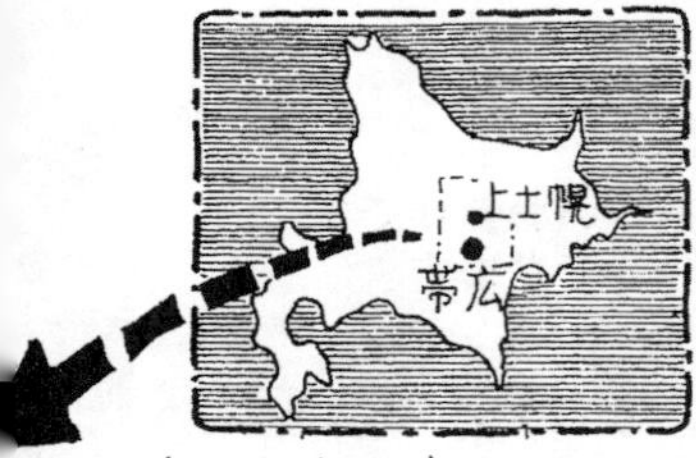

① 愛国←→幸福駅

『愛の国から幸福へ』この切符を手にすると幸せを手にするといわれスゴイ人気です。ここでとれるじゃがいも野菜・etcは幸せを呼ぶ食物かも！特にとうもろこしのとれる季節には、もぎたてをその場で茹でて売っていることもあり、あまりのおいしさに幸せを感じちゃいます。

② 十勝ワイン（池田駅）

ひとりさんは、ワイン通といわれています。そのひとりさんが大好きな十勝ワインを売っている十勝ワイン城があります。

★十勝はあずきが有名で『赤い宝石』と呼ばれています。

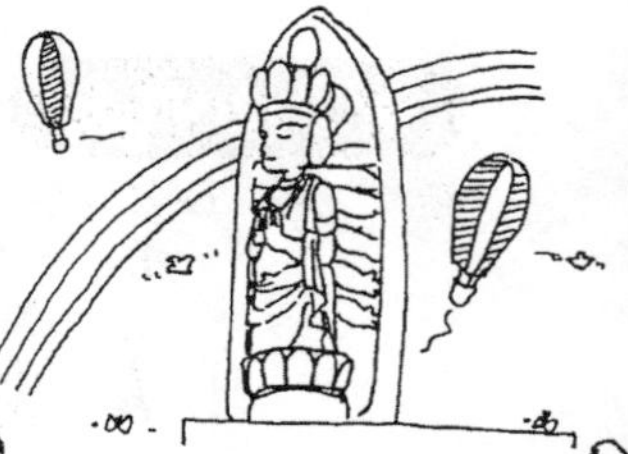

★観音様

ひとりさんの寄付により、夜になるとライトアップして、観音様がオレンジ色に浮かびあがり、幻想的です。

この観音様は、一人さんの弟子の1人である柴村恵美子さんが建立しました。

③ 上士幌

上士幌町は柴村恵美子が生まれた町。そしてバルーンの町で有名です。8月上旬になると、全国からバルーンミストが大集合。様々な競技に腕を競い合います。体験試乗もできます。ひとりさんが、安全に楽しく気球に乗れるようにと願いを込めて観音様の手に気球をのせています。

④ ナイタイ高原

ナイタイ高原は、日本一広く大きい牧場です。牛や馬、そして羊もたくさんいちゃうのヨ。そこから見渡す景色は雄大で感動!!の一言です。ひとりさんも好きなこの場所は行ってみる価置あり。

牧場の一番てっぺんにはロッジがあります（レストラン有）。そこで、ジンギスカン焼肉・バーベキューをしながらビールを飲むとオイシイヨ！とってもハッピーになれちゃいます。それにソフトクリームがメーチャオイシイ。2ケはいけちゃいますヨ。

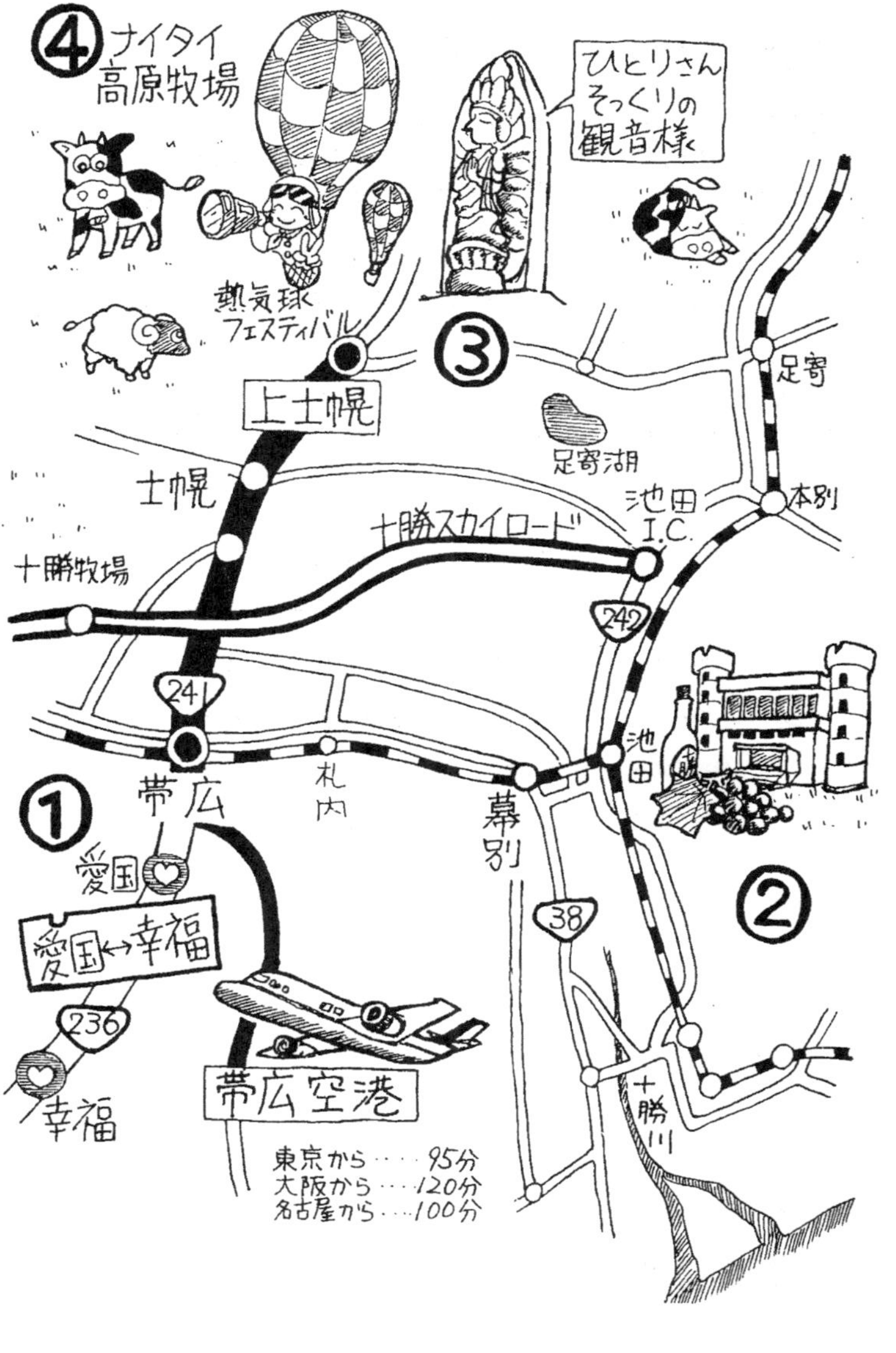
④ナイタイ高原牧場
ひとりさんそっくりの観音様
熱気球フェスティバル
③
上士幌
足寄
足寄湖
士幌
池田I.C.
本別
十勝スカイロード
十勝牧場
242
241
池田
帯広
札内
幕別
①
愛国
愛国↔幸福
②
38
236
幸福
帯広空港
十勝川
東京から……95分
大阪から……120分
名古屋から……100分

斎藤一人さんのプロフィール

東京都生まれ。実業家・著述家。ダイエット食品「スリムドカン」などのヒット商品で知られる化粧品・健康食品会社「銀座まるかん」の創設者。1993年以来、全国高額納税者番付12年間連続6位以内にランクインし、2003年には日本一になる。土地売買や株式公開などによる高額納税者が多い中、事業所得だけで多額の納税をしている人物として注目を集めた。高額納税者の発表が取りやめになった今でも、着実に業績を上げている。また、著述家としても「心の楽しさと経済的豊かさを両立させる」ための本を多数出版している。『変な人の書いた世の中のしくみ』『眼力』（ともにサンマーク出版）、『強運』『人生に成功したい人が読む本』（ともにPHP研究所）、『幸せの道』（ロングセラーズ）など著書は多数。

1993年分——第4位	1999年分——第5位
1994年分——第5位	2000年分——第5位
1995年分——第3位	2001年分——第6位
1996年分——第3位	2002年分——第2位
1997年分——第1位	2003年分——第1位
1998年分——第3位	2004年分——第4位

〈編集部注〉

読者の皆さまから、「一人さんの手がけた商品を取り扱いたいが、どこに資料請求していいかわかりません」という問合せが多数寄せられていますので、以下の資料請求先をお知らせしておきます。

フリーダイヤル 0120-497-285

本書は平成二四年二月に弊社で出版した
書籍を改訂したものです。

斎藤一人
しあわせセラピー

著　者　斎藤一人
発行者　真船美保子
発行所　KK ロングセラーズ
東京都新宿区高田馬場 2-1-2　〒 169-0075
電話（03）3204-5161(代)　振替 00120-7-145737
http://www.kklong.co.jp
印　刷　大日本印刷(株)
製　本　(株)難波製本

落丁・乱丁はお取り替えいたします。
※ 定価と発行日はカバーに表示してあります。
ISBN978-4-8454-5079-4　C0230　Printed In Japan 2018